CATALOGUE

D'UNE COLLECTION IMPORTANTE

D'ESTAMPES ANCIENNES

ET MODERNES,

AU NOMBRE DE A GRAND-PORTES,
Au nombre de 14,000,

Par les plus célèbres Graveurs de tous les pays, du XV° au XIX°
siècle, formant l'histoire de l'art de la Gravure;

ENVIRON 1,200 DESSINS

PAR ET D'APRÈS LES GRANDS MAITRES DE TOUTES LES ÉCOLES,

ET DE

QUELQUES BONS TABLEAUX ANCIENS,

Composant le Cabinet de M. ROBELOT, de Bordeaux,

Ancien Contrôleur principal des Contributions directes,

DONT LA VENTE SE FERA

Les lundi 19, mardi 20, mercredi 21, jeudi 22 janvier 1846,
à 6 heures du soir, pour les Estampes; et le vendredi 23,
à midi, pour les Dessins, Tableaux et Recueils.

PLACE DE LA BOURSE, 2,

HOTEL DES VENTES,
SALLE N. 1.

Par le ministère de M° DUCROCQ, Commissaire-Priseur, rue des
Bons-Enfans, n° 28,

Assisté de M. DEFER, quai Voltaire, n° 19, et M. VALLÉE, rue
de Chartres, n° 8, Experts,

Chez lesquels se distribue le présent catalogue.

EXPOSITION PUBLIQUE

Le dimanche 18 janvier, de midi à 4 heures, et le matin de chaque
vacation, de midi à deux heures.

PARIS

IMPRIMERIE ET LITHOGRAPHIE DE MAULDE ET RENOU,
Rue Bailleul, 9 et 11.
1845

ORDRE DE LA VENTE.

Les lundi, mardi, mercredi et jeudi soir, et vendredi, s'il y a lieu, les Estampes, du n° 1 au 205, en suivant l'ordre numérique.

Le vendredi, à midi, les Dessins, Tableaux et Recueils.

LA VENTE SERA FAITE AU COMPTANT.

Il sera perçu cinq pour cent en sus des enchères.

AVERTISSEMENT.

La collection d'estampes dont nous annonçons la vente est importante, par le nombre de quatorze mille dont elle se compose. Cette réunion est le fruit du travail de trente années de la vie d'un amateur studieux, et le délassement de ses travaux administratifs. Son zèle et son amour pour les beaux-arts lui avaient inspiré le projet de former principalement par les estampes une vaste encyclopédie des peintres et graveurs, et aussi tout ce qui rappelle les tableaux importants disséminés dans les musées publics et cabinets particuliers. Le nombre était donc ce qui devait être sa première occupation, se réservant plus tard le choix des épreuves.

Nous avons suivi dans le catalogue que nous donnons comme désignation de cette collection, la nomenclature des noms tels qu'ils sont désignés dans le catalogue raisonné rédigé par M. Robelot, et qui nous a été communiqué. Nous avons été obligé en raison du volume de ce catalogue, de nous renfermer dans cette simple appellation des graveurs, nous en avons agi de même pour la collection des dessins au nombre de douze cents et aussi de quelques Tableaux en leur conservant les attributions données par l'amateur.

DÉSIGNATION

ESTAMPES AU BURIN ET A L'EAU FORTE, PAR DES GRAVEURS
DES XV°, XVI°, XVII° ET XVIII° SIÈCLES.

1. L'Enfant Jésus sur les genoux de la Vierge, saint Joseph, par *F. Amato*. Frises d'après Polydore, et autres sujets par *Cherubin Alberti*. Une pièce d'après Michel Ange. Six pièces.
2. Peintures de la galerie Farnèse, d'après A. Carrache, Peintures d'après Lanfranc, Triomphe de Constantin, d'après Raphaël, la Vierge au pistolet, etc. Cinquante-trois pièces, par *P. Aquila*. Cet article sera divisé.
3. Le Baptême de saint Jean, la Femme adultère, Coriolan, saint Protais et saint Gervais, les grandes et petites Batailles d'Alexandre, et divers autres sujets sacrés et profanes, d'après N. Poussin, Le Sueur, Le Brun, et autres peintres français. Soixante-dix pièces par *Claude, Karle, Gérard, Benoît, Jean* et *Louis, Les Audran*. Cet article sera divisé.
4. Triomphe de Jules César, d'après Mantègne, par *R. Van Audenaerd*. Dix pièces.
5. Combat de cavalerie, Offrande à Priape, Fragment du jugement dernier, d'après Michel

Ange, etc. Neuf pièces, par *Augustin Vénitien*, *N. Beatrizet*, etc.
6. Seize pièces, par *Aldegrever* et *H. Beham*.
7. Divers sujets : Trophées militaires, Etudes, etc. Vingt-huit pièces par *Aubert, Baquoy, A. Bardon, W. Baur, H. Barry, P. Boël, Baroche*, etc. Cet article sera divisé.
8. La Colonne Trajane et la Colonne Antonine. Rome, 1704, deux vol. in-fol. obl., diverses pièces d'après des maitres italiens. Deux cent trente-deux pièces, par *P. S. Bartoli*. Peintures antiques de Pompéi, par le même, 2 vol. in-fol. Cet article sera divisé.
9. Sujets familiers. Treize pièces, par *C. Bega*; cinq autre pièces, par *A. Bartsch*.
10. Paysages, Vues diverses, Etudes de figures. Cent-six pièces gravées à l'eau forte, par *de Boissieu*; plus la vue de Lyon, par *Bellay*.
11. Dix-sept pièces, d'après le Perugin, le Titien, S. Bourdon, etc., par *S. Bernard, Benaschi, Bernini, Bartelli, Binet, F. Bol, Bossi*, etc.
12. Vingt-cinq Estampes, par *René Boivin*, pour le livre intitulé : la Conquête de la Toison d'Or, d'après le Primatice. Belles épreuves, 1 vol. in-4 obl., demi-rel.
13. La Résurrection de la veuve Tabithe, d'après le Guerchin, divers autres sujets et portraits, d'après Raphaël, A. Carrache, etc. Vingt-quatre pièces, par *C. Bloemaert*.
14. Le Serpent d'airain, le Jugement de Salomon, sujets de Vierges, de Sainte-Famille, Ecce-Homo,

Couronnement d'épines, le Reniement de saint Pierre, la Cène, et autres sujets pieux. Sujets de la Fable, Portraits, etc. Soixante pièces, d'après P. Rubens, Van Dyck, Jordaens, par *Boëce* et *Schelte à Bolswert*. Cet article sera divisé.

15. La Naissance de saint Jean, le Cheval de Troye, d'après le Primatice, portrait de Michel Ange, etc. Six pièces par *J. Bonasone* et *Bonacina*.

16. Costumes et sujets divers. Onze pièces, par *A. Bosse* et *Boulanger*.

17. Les Œuvres de miséricorde gravées à l'eau forte, par *Sébastien Bourdon*. Epreuve avant les adresses, le Christ au Jardin des Olives. Huit pièces.

18. Trente et une pièces, par et d'après *Bottner, Louis Boullongne, P. Brebiette, Breemberg, Ch. Le Brun, Bruni de Sienne, F. Burani, Louis Businck, Breckerveld, Brebes, Brebiette, Bremden, J. Briot, Broeck, G. Le Brun, Brissard*, statue de Henri IV, rare, *N. de Bruyn*, etc. Cet article sera divisé.

19. Théâtre de la vie humaine. Soixante-deux planches gravées par *Théodore de Bry*, texte par Boissard. 1 vol. in-4.

20. Diverses suites de l'Ancien et du Nouveau Testament, sujets de la fable, Chasses, Pêches, etc. Cent neuf pièces, par *Adrien* et *Jean Collaert*.

21. Sujets sacrés et profanes, d'après Raphaël, Jules Romain et autres maîtres italiens. Quinze pièces, par *C. Cort*.

22. La Cène, d'après Raphaël, recueil de statues

antiques. Cinquante-quatre pièces, par *J. B. Ca-*
valeriis.

23. La Vie de saint Bruno, d'après Lesueur. Un
volume in-fol., dem.-rel. Divers autres sujets sacrés et profanes. Quarante-huit pièces, par *Chaureau et G. Chasteau.*

24. Combat de paysans, et divers autres sujets, par
*Clairon Mondet, Capellan, Cankerken, Clouet,
Cock, Colbenschlag.* Onze pièces.

25. Diverses suites de l'Ancien et du Nouveau Testament, Passage de la mer Rouge, Massacre des
Innocents, la suite des saints de l'année, les Apôtres, les Nobles, les Gueux, le Parterre de Nancy,
la Tentation de saint Antoine, et quantité d'autres
sujets et des portraits. Neuf cent quarante-trois
pièces, par *Callot.* Cet article sera divisé.

26. La Vierge et saint Jérôme du Corrège, Repos
en Egypte, Galatée, Bacchanales, sujets champêtres. Vingt-huit pièces, par et d'après *Louis Augustin et Annibal Carrache, Carpioni, Cantarini,
Capitelli,* etc.

27. Fac similés de dessins et compositions de grands
maîtres italiens et français, du cabinet du roi.
Cent vingt-huit pièces, par le *comte de Caylus.*

28. Les Loges de Raphaël au Vatican, par *N. Chaperon.* Un vol. in-fol. obl.; plus deux autres sujets. Cinquante-six pièces.

29. Divers sujets de la Fable, peints au palais Farnèse, par An. Carrache. Quarante-neuf pièces,
par *Cesio.*

30. Les Noces de Cana, d'après P. Veronèse, diverses vignettes, etc. Quarante et une pièces, par *Nicolas Cochin* et *Charles Nicolas Cochin*.
31. Vingt-trois pièces, divers sujets sacrés et profanes, par *Court, Campion de Tersan, Charpentier, Chataignier, Claussin, Corbut*, etc.
32. Divers sujets pieux, d'après J. Stella, et portrait de Roupert, orfèvre. Douze pièces, par *L. Cossin, J. Cowray, Custos*, etc.
32 bis. Cinquante-deux pièces, par *M. Corneille, B. Coriolan, Coypel, Courtois* et *J. Couché*. Cet article sera divisé.
33. Saint Hubert, belle épreuve mal conservée. Divers sujets de Vierges, le Cheval de la mort, Amione, la Mélancolie, et autres sujets gravés sur cuivre et en bois, par et d'après *Albert Durer*. Vingt-huit pièces. Cet article sera divisé.
34. Divers sujets de l'histoire sacrée et profane, d'après Paul Veronèse, Rubens, Jouvenet, Coypel, etc. Onze pièces, par *Duchange* et *Duflos*.
35. Quatre-vingts pièces de l'œuvre de Simon Vouet, gravées par *M. Dorigny*.
36. Diverses belles compositions et plafonds peints par Raphaël, Dominiquin, Guerchin, etc. Vingt pièces, par *N. Dorigny*.
37. Portrait de Schurman, les trois Grâces, sujets familiers, etc., d'après Rubens, Diepenbeck, Van der Doës, etc. Douze pièces, par *C. Van Dalen, C. Danckerts*, etc.
38. Divers sujets, d'après Vouet, Dominiquin ; portrait de Henri IV, titre de livre, écusson, etc.

Trente et une pièces, par *Daret*, *David*, *Delaulne*, *Th. De Leu*, *Dolivar*, *Davis*, *Dubrayer*, *Dufresne*, *Cl. Ducchetti*, etc.

39. Divers sujets gravés à l'eau-forte, d'après Rembrandt. Vingt-deux pièces, par *Defrey*.
40. Vingt-trois pièces, gravées par *Dazaincourt*, *Demarteau*, *Denon*, *Descourtis*, *Deveria*, *Devoge*.
41. Campagnes d'Italie, d'après C. Vernet : costumes, scènes diverses, etc. Cent quarante-huit pièces à l'eau-forte, par *Duplessis-Bertaux*. Cet article sera divisé.
42. Descente de croix, Scène pastorale, le Chirurgien, la Ventouse, le Cordonnier, etc. Quatorze pièces, par et d'après A. Van Dyck, *Corn. Dusart*, *Dietrich* et *E. Le Daius*. Cet article sera divisé.
43. Moïse et la Mère des douleurs, d'après Champagne; le Bénédicité, la Tente de Darius, Philippe V, Colbert, Descartes, Mansart, Tortebat et grand nombre d'autres beaux portraits, d'après Rigaud, Largillière, etc. Soixante-quatre pièces gravées par *Gérard* et *Nicolas*, les *Edelinck*. Cet article sera divisé.
44. Le duc d'Aremberg, d'après Van Dyck, les Fleurs et les Fruits, d'après Van Huysum; divers autres sujets, gravés en manière noire. Seize pièces, par *R. Earlom*.
45. Neuf pièces, par *F. Eisen* et *Erlinger*.
46. Bas-reliefs, jeux d'enfants, d'après Tortebat. Quatorze pièces, par *L. Ferdinand*.
47. Eglises, jardins et fontaines de Rome, un vo-

lume in-fol. obl., dem.-rel. de quatre-vingt-sept pièces, par *Falda*.

48. Beautés de la France, 1 vol. in-fol. obl. de 63 planches, par *Nicolas de Fer*.

49. Les Œuvres de Miséricordes, Frontispice de livre, la Pentecôte, etc. Douze pièces, par *M. Faulte, P. Firens* et *Fornazeris*.

50. Dix-huit pièces d'après des grands maîtres italiens, gravées au burin par *Frezza*; autres à l'eau-forte par *Faccini, Fialetti, Farinati, Ferantis, Franco*.

51. Vingt-quatre pièces d'après divers maîtres, Albert Durer, Titien, Polydore, Tiépolo, etc., par *Florianus, Foulquier, Fragonard, Franquinet, Frisien, Fulck, F. Floris, F. Franck, Fiessinger, Floding*.

52. Quatre-vingt-dix-huit pièces, sujets et portraits d'après Rubens, Stradan, Hermskerke, et autres maîtres flamands, par *Corneille, Philippe* et *Théodore Galle*.

53. Les Cyclopes d'après Jean Cousin; le Jugement dernier d'après Michel-Ange; diverses jolies pièces et portraits d'après divers maîtres. Quarante-cinq pièces par *Gaspard Isaac* et *Léonard Gaultier*. Cet article sera divisé.

54. Les angles de la chapelle Sixtine, les Sibylles, Marius, les trois Parques, l'école d'Athènes, etc. Vingt-sept pièces d'après Raphaël, Michel-Ange, Jules Romain, Lucas Penni, le Primatice, etc., par *Adam, George* et *Diana Ghisi* dits les *Mantuan*. Cet article sera divisé.

55. Sujets sacrés et profanes, dieux de la fable, Apollon, Hercule Farnèse, etc. Trente-une pièces par *Goltzius* et *de Gheyn*.
56. Bas-reliefs d'après Polydore, peinture de Raphaël au Vatican, Bacchanales, etc., par et d'après *Guido Reni, Guerchin, Garrerius, Galestruzzi, F. Giangiacomo, Giminiani*, etc., trente-six pièces. Cet article sera divisé.
57. Dix-neuf pièces à l'eau-forte, sujets de sainte famille, sujets allégoriques et de la fable, d'après Greuze, etc., par *Louis Germain* et *C. Gillot*.
58. Adoration des rois et des bergers d'après Lairesse, l'Ange et Tobie d'après Elsheimer, etc., huit pièces par *Glauber, H. Goudt, Greischer,* huit pièces.
59. Aricie et Petus d'après West, par *Green*, Archimède, Mutius Scevola, etc., par *Goupy*. Cinq pièces.
60. Sujets, pièces, titres de livres, allégories, sujets mythologiques, etc. Vingt-huit pièces par *L. de La Hyre, G. Huret, Hutin, Huet*.
61. La reine du Saba, d'après Paul Veronèse, etc. Treize pièces, par *W. Hollar et Romyn de Hoodge*.
62. Estampe allégorique, marches de cavaliers d'après Vander-Meulen, un fumeur, onze pièces par *Hopfer, Huchtembourg* et *Van Haëften*.
63. Quarante et une pièces diverses, gravées par *Hibon, Hylbrouch, Hecknaver, Heer, Hondius le jeune, Honervot, E. Hornick, Hortemels*, etc.
64. Onze pièces gravées à l'eau-forte et au burin, par *A. Kauffman, Knapton, Lucas Kilian, Van Kessel*, etc.

65. Jésus présenté au peuple, divers sujets de la table, portraits, etc. Dix-huit pièces par *P. de Jode*.
66. Sujets divers d'après J. Romain, par *Ingwert, Lucas Jordano*, etc. Neuf pièces.
67. Vue du Pont-Neuf de Paris, le reposoir, divers sujets et vignettes, décorations, fleurons, combats, costumes, portraits, etc. Trois cent quatre-vingt-dix-huit pièces gravées par *Et. de La Belle*.
68. Sujets de la mythologie, frontispice. Dix pièces par *Gérard de Lairesse*.
69. Trente une pièces sujets sacrés et profanes, par *Laboucherie, Lacour, Lagrenée, Lalive, Larue, Lasinio, Laurentianus, Lecanu*, etc.
70. La multiplication des pains, les batailles d'Alexandre et la galerie des Gobelins, le *Puer Parvulus*, médaillons, vignettes, catafalques, décorations, divers autres sujets. Cent trois pièces gravées par *Sebastien Le Clerc*.
71. Tombeaux, vases, fontaine, panneaux d'appartements, arabesques, chaires, maître autels et autres objets de décoration et d'architecture. Deux cent soixante-onze pièces gravées par *Jean Lepautre*, plusieurs en volumes. Cet article sera divisé.
72. Sujets de vierges et du Nouveau Testament, portraits de divers personnages français, etc. Vingt-trois pièces par *Michel Lasne* et autres.
73. Vingt-cinq pièces diverses, par et d'après *E. Lesueur, Le Lorrain, Lélu, Legray, Emile Lesueur, J. Lucien, Lucini, et Luycken, Lisebetius, Loëmans, J. Laurus, Lecat, Leser, Lippius, Langot*, etc.
74. Statues antiques de Rome, monuments, etc.,

sujets de l'ancien et du nouveau Testament, par *Lafreri* et *A. Londerséel-Lonsing.* Quarante pièces.

75. Suite de petites sainte Famille, Cléobis et Bitton, etc. Vingt pièces par *Nicolas* et *Alexis Loir.*

76. Trois pièces, par et d'après *Lucas de Leyde.* Sujets de l'ancien et du nouveau Testament, les quatre Évangélistes, chasse au sanglier, le repos de Diane, etc., d'après Rubens, Diepenbeck, etc., par *Nicolas* et *Conrad Lauwers, J. Louys, Lommelin, W. de Leuw*, etc. Douze pièces.

77. La résurrection, par *Mantègne.* Une pièce. Autres pièces d'après Raphaël, Mantègne. Treize pièces, par et d'après *Marc de Ravenne, le Maître au nom de Jésus, le Maître au Griffon* et *le Maître au Dé*, etc. Cet article sera divisé.

78. Fac-similé de dessins de grands maîtres italiens à la galerie de Florence. Soixante-onze pièces, par *Mulinari.*

79. Dix-huit pièces diverses, par et d'après *C. Maratte, Marolles, J.-B. Massé, L. Matthiolus, Mazzuoli, Meyer, N. Mignard, Mitelli, Mola, Molyn, Moreau le jeune, Malbeste,* etc.

80. Saint Ignace de Loyola et saint François Xavier, d'après Rubens. Christ mort, d'après Champagne. Trois pièces, par *Marinus* et *Platte Montagne.*

81. Diverses compositions, d'après Michel-Ange, Tintoret, Bloëmaert, etc. Treize pièces, par *Maron, Martinez, Matham, Mosin, Jean* ou *Herman Muller.*

82. Sainte Famille d'après N. Poussin, autre d'après S. Bourdon, assemblée des Chartreux d'après

Bertholet Flemael, divers portraits, etc. Huit pièces par *Natalis*.

83. Diverses têtes à la manière noire, Alexandre chez Apelles, etc. Trente-sept pièces, par *Natoire, Nethen, Norblin, Ch. Normand*, etc. La Vierge et l'enfant Jésus, Jésus devant Pilate, saint Lievens, le satyre et le paysan, sept pièces d'après G. Seghers et Jordaens, par *J. de Neeffs* et *Van Orley*. Cet article sera divisé.

84. Cent six pièces diverses, d'après Parmesan, Rubens, Deshais, de Boissieu, Boucher, etc., par et d'apres *Oesterreich, Pallière, Palmerieus, Pannels, Parizeau, le comte de Paroy*, son œuvre tirée sur satin, *Charles, Etienne, Joseph* et *Charles les Parrocel, Pascalini, Patour, Pedrignani*, etc. Cet article sera divisé.

85. Les angles de la Farnesine, les noces de Psyché, d'après Raphaël, bas-reliefs antiques, etc. Soixante-douze pièces à l'eau-forte, par *Perrier*.

86. Fac-similé de dessins d'anciens maîtres par les *Prestel*; divers autres sujets d'après Rubens, Perugino, et autres maîtres, camées, etc. Dix-huit pièces, par *Popels, Peyron, Pierre, Podesta, Povisi, Proccacini, Prwis*, etc.

87. Etudes à l'eau-forte. Vingt-quatre pièces, par *Plonski*.

88. Vingt-sept pièces, costumes, allégories, portraits, etc., par *Crispin de Pas*.

89. Recueil de tableaux du Titien, Paul Véronèse et autres maîtres vénitiens, gravés par M. Desbois,

N. Cochin, etc., imprimé en 1691, par les soins de *Catherine Patin*. Quarante-deux pièces.
90. Onze pièces diverses, par et d'après *G. Pénez, P. Perret, Persyn, Ponderen, Lucas Penni, B. Parmen*.
91. Portrait du Poussin, 1649. Sainte Famille, etc., d'après N. Poussin. Cinq pièces, par *Pesne*.
92. La peste des Philistins, d'après N. Poussin, et autres compositions. Trois pièces, par *Et. Picart*. Vignettes et têtes de livres, cérémonies religieuses, etc. Vingt-quatre pièces, par *B. Picart*.
93. Sainte Famille dite la Vierge au berceau, saint Charles Borromée communiant les pestiférés, premier état où le saint donne le viatique de la main gauche, divers autres sujets et portraits, d'après Raphaël, le Brun, etc. Dix-neuf pièces, par *François-Jean-Baptiste* et *Nicolas de Poilly, Picault, Piquet, Piccini*, etc. Cet article sera divisé.
94. Présentation au Temple, Portement de croix, Massacre des Innocents, Susanne, Jésus allant au calvaire, saint Roch, la Pentecôte, Thomiris, Christ mort sur les genoux de la Vierge, divers portraits de peintres et autres personnages de l'iconographie de Van Dyck, Vingt-huit pièces, d'après P.-P. Rubens et Van Dyck, par *Paul Pontius*. Plusieurs belles épreuves. Cet article sera divisé.
95. OEuvre de Rembrandt. Cent quarante-cinq pièces, gravées à l'eau-forte, cent sept par ce maître et trente-huit d'après lui ou à son imitation. Cet œuvre ainsi divisé : Première classe. Portraits de

Rembrandt. Huit pièces.— Deuxième classe. Sujets
de l'Ancien Testament, neuf pièces. — Troisième
classe. Sujets du Nouveau Testament, trente-six
pièces. — Quatrième classe. Sujets pieux, trois
pièces. — Cinquième classe. Sujets allégoriques
et de fantaisie, quatorze pièces.— Sixième classe.
Gueux et mendiants, sept pièces. — Septième
classe. Sujets libres et figures académiques, huit
pièces. — Huitième classe. Paysages, copies et
imitations, cinq pièces. — Neuvième classe. Portraits d'homme, dix-neuf pièces.—Dixième classe.
Portraits de femme, six pièces.— Onzième classe.
Griffonnements et études de têtes, deux pièces.
Et diverses pièces à l'imitation de *Rembrandt*. Plusieurs de ces pièces belles et anciennes épreuves.
Cet article sera divisé.

96. Saint Paul à Ephèse, le martyre de saint Laurent, les cinq Saints, le triomphe et le jugement
de Pâris, Trajan entre Rome et la Victoire, David
et Goliath, le martyre de sainte Félicité, le *Quos
ego*, le Parnasse, Noë, sujets divers, d'après Al.
Durer. Trente-neuf pièces, plusieurs anciennes
épreuves, d'après Raphael, par *Marc-Antoine Raimondi*, de ce nombre plusieurs copies. Cet article
sera divisé.

97. Saint Pierre pleurant son péché, saint Jérôme,
saint Barthélemy, Silène, etc. Diogène, Démocrite,
suite de figures de guerriers, etc. Soixante et onze
pièces, par et d'après *Ribera* et *Salvator Rosa*, et
plus le Jugement dernier.

98. La veille à la chandelle, par M. *Rota*, pièce gravée à l'eau-forte, par *Rubens*.
99. Trente-trois pièces, par et d'après *S. Ricci, Rigaud, Robert,* prince Palatin, *Rodermont, Rolli, Ronseray, Ryder, J. Rossi, N. Ryckmans, Regnesson, Reverdino*.
100. La Vierge au raisin, le Christ mort, sainte Vierge, etc. Huit pièces d'après An. Carrache, par *Roullet* et *Rousselet*.
101. Divers sujets de l'Ancien et du Nouveau Testament, de la Fable, antiquités, statues, portraits, etc. Plusieurs de ces sujets d'après les compositions de grands maîtres, etc. Huit cent quatre-vingt-quatorze pièces, gravées par *Raphaël*, *Gilles* et *Marc* les *Sadeler*, réunies en 4 vol. in-fol. et dans un portefeuille. Cet article pourra être divisé.
102. Cent quatre-vingt-dix sujets gravés à l'eau-forte, d'après des vases antiques, composition de grands maîtres, etc., par *Richard de Saint-Non*.
103. Triomphe et sacrifice en l'honneur de Priape, d'après *Salviati*.
104. Diverses compositions, vingt-sept pièces, et d'après *Sandrart, Andre del Sarte, Scalberge, Schut, Sisto, Smith, Somer, Soyer, Spruyt, Strixner, Subleyras,* etc., etc.
105. Vingt-neuf pièces, par *Saeredam, Sauvé, Schenck, Van Schuppen, Charles Simonneau,* Suzanne, épreuve avant la lettre. *Louis Simmonneau, Sornique, Stéphanus* ou *Étienne Delaulne*.
106. La défaite de Sennacharib, d'après Rubens, par

P. Soutman. Belle épreuve d'une pièce capitale du maître.

107. Chasse au sanglier, la vieille coquette, etc. Quatre pièces, par *Soutman.* Divers autres sujets, par *Van den Steen, G. Swanembourg.* Onze pièces. Cet article sera divisé.

108. Jésus au jardin des Oliviers, une pièce gravée par *Martin Schongauer.*

109. La paix de Munster, d'après Terburg; les Bourgmestres, d'après Keiser; Chasse aux lions, d'après *Rubens;* divers sujets d'après Ostade, et des portraits. Douze pièces, anciennes épreuves, par Suyderhoëf. Cet article sera divisé.

110. Le Bal vénitien, d'après Tintoret; divers autres sujets d'après N. Coypel; l'école d'Athènes, d'après Raphaël; divers portraits, allégories, etc. Trente-huit pièces par et d'après *Taraval, Nicolas Henry Tardieu, M. Tavernier, B. Thiboust, Phil. et Simon Thomassin, Tortebat, Troschel, Testelin,* le comte de *Tersan, Troyen.* Cet article sera divisé.

111. Divers sujets sacrés et profanes, de la mythologie, chasses, batailles, etc., par *Tempête, P. Teste,* la Communion de saint Jérôme, d'après Dominiquin, par *César Testa,* etc. Cinquante-sept pièces.

112. Les Travaux d'Ulysse, d'après les peintures du Primatice, à Fontainebleau. Cinquante-neuf pièces par *Van Thulden.*

113. Planches de l'entrée de Ferdinand d'Autriche à Anvers, d'après Rubens, par *Van Thulden;* divers sujets par *Tiepolo.*

114. Treize sujets de la vie de Jésus, par *Cl. Vignon*; Loth et ses filles, par *Vien*; quatre sujets pieux, d'après *S. Vouet*. Dix-sept pièces.

115. Trente-trois estampes diverses, d'après Rubens, Van Dyck et autres maîtres, par *Vangelisty, Vigneron, Willaëys, Valkerts, Winstanley, Wit, Wingaërde, Zanetti*; suite des Gueux, par *Van Uliet*. Cet article sera divisé.

116. Lucrèce, le combat des Centaures et des Lapithes, etc. Trois pièces par *Enée Vico*; autres sujets divers par *Valet, Valesio, J. L. Valesio, J. Van de Velde, Van de Venne, Villamena*. Dix-sept pièces.

117. La Fricasseuse, le Marchand de mort aux rats, la Bohémienne, le Joueur de vielle, les Patineurs, le Coche, le Four à chaux, divers portraits, dont celui de Gellius Bouma, etc. Trente-six pièces par *Corneille Visscher*. Cet article sera divisé.

118. Sujets familiers, animaux, etc. Quarante pièces d'après Van Ostade, N. Berghem, *Corneille Visscher, Jean* et *Lambert Visscher*. Cet article sera divisé.

118 bis. Loth et ses filles, Job sur le fumier, Suzanne, la Nativité, le Denier de César, Sainte Famille, l'Apparition aux bergers, le Martyre de saint Laurent, divers portraits de peintres, etc. Vingt-huit pièces d'après Van Dyck et Rubens, par *Lucas Vorsterman*. Cet article sera divisé.

119. Le Massacre des Innocents, Sainte Famille, Suzanne et les vieillards, divers portraits d'après le

Tintoret, etc. Dix-sept pièces par *Lucas Vorsterman le jeune.*

120. Diverses compositions de sainte Famille, l'Assomption, le Repas chez les Pharisiens, Descente de croix, etc. Huit pièces, d'après Rubens et autres maîtres, par *Witdouck.*
121. Onze pièces par *Jean et Jérome Wierix, Corneille de Waël, Waldreich,* etc.
122. Divers sujets et compositions de divers maîtres des trois écoles. Vingt-trois estampes sans noms de graveurs.
123. Vingt-cinq estampes et vignettes, école allemande, sans noms de graveurs.
124. Quatorze estampes pour frontispices de livres, sans noms de graveurs.
125. Divers sujets : Sur l'histoire de France, Cérémonies, Scènes historiques de la révolution française de 1789, etc. Cinquante-deux pièces sans nom de graveur. Cet article pourra être divisé.

PAYSAGES GRAVÉS AU BURIN ET A L'EAU FORTE PAR DIVERS GRAVEURS ANCIENS ET MODERNES.

126. Paysages, marines, d'après N. Berghem, Vernet, Hackert, etc., par *J. Allamet, Ao, Astruc, Aveline,* etc. Dix-huit pièces.
127. Paysages d'après N. Poussin, Wouvermans, Jean Miel, etc. Dix-neuf pièces par *Bæch, W.*

Baillue, Th. Baronius, Et. Baudet, Baudouins, Beaumont, P. Benazech, etc.

128. Diverses études d'animaux : la Vache qui s'abreuve, les Bergeries, etc. Quarante-cinq pièces par et d'après *Berghem.* Cet article pourra être divisé.

129. Cent douze pièces du théâtre d'Italie de *Jean Blaeu.*

130. Divers paysages, marines: Vues de Paris, etc., par *Boucher, Berthault,* le comte *de Breteuil, Brunesau, Buytewech, Boisard* et *Van der Borcht.* Onze pièces.

131. Paysages : vingt-sept pièces par *Van der Cabel, Ch. Canot, de Chavanne, Chedel, Conti, Couché, Coulet,* etc.

132. Trente-sept paysages : Animaux, Ruines d'architecture, etc., par *R. Daudet, Th. de Leu, Demaison, Denis, Dequevauviller, Desaulx, J. Dolivard, N. Dufour, Dunker,* etc.

133. Animaux gravés à l'eau forte par *Karle Dujardin.* Vingt-sept pièces.

134. Suite de Poissons d'eau de mer et d'eau douce, Paysages, Oiseaux, Emblèmes. Quatre-vingts pièces par *Albert Flamen,* réunies en un volume.

135. Vingt-cinq paysages d'après N. Berghem, Teniers, etc., par *Elliot, Falda, de la Ferté, Fessard, Garreau, S. Gessner, de Ghendt, Godefroy,* le *Gouaz, C. Goyrand, J. Grignon, Grimaldi, Grouevegen, Guelard* et *Gujot,* etc.

136. Trente-sept paysages par *Hagedoorn.*

137. Trente-quatre pièces : Paysages par *Hill, Hondius, Huquier, Jorma, Jazet, Ch. Jegher, Jacques Jordaens, Julien, Keyl, Klengel, Kobellius, Kock*, etc.
138. Trente-trois pièces : Paysages, Costumes russes, Animaux, etc., par *Lacroix, Lallemand, Lesueur, Laurent, Lempereur père et fils, J.-B. Leprince, Leveau, Lienard, Louterbourg*, etc. Cet article sera divisé.
139. Divers paysages et sujets gravés sur pierre par M. *P. Lacour de Bordeaux*. Deux cent vingt pièces gravées et lithographiées.
140. Paysages avec figures, Scènes d'intérieurs, etc., d'après Berghem, Teniers, Robert, etc. Vingt-six pièces par *Mariette père et fils, Martini, Masquelier.*
141. Paysages. Dix pièces par *Mauperché.*
142. Paysages. Dix pièces par *Meyeringh.*
143. Paysages. Vingt-cinq pièces par *J. Miel, N. Moillon, Montcornet, Mongeroux, Montmirail, P. Moreau, J. Moyreau*, etc.
144. Paysages d'après P. Brill. Trente-quatre pièces par M. *Merian, Nieulant*, etc.
145. Beauté de l'Angleterre, de l'Irlande et de l'Écosse. Deux cent soixante-neuf planches par *Frédéric Newman*. Un volume in-folio.
146. Paysages. Trente pièces par M. *de Pass, Les Perelles, Perignon, P. Perret, Pfeffel, Pillement*, etc.
147. Monuments antiques et Vues de Rome, Fastes consulaires, Rome moderne, etc. 4 vol. in-fol. Deux

cent vingt-cinq pièces par les frères *Piranèse.* Cet article sera divisé.

148. Etudes de vaches et autres animaux. Quinze pièces par et d'après *P. Potter.*

149. Dix-huit pièces. Paysages et Vues de Rome, par *H. Robert, Reclam, Schmutzer, Schroeder, W. Schwan* et trois paysages de *Ruisdaël.* N⁰ˢ 1, 2, et 3 de *Bartsch.* Deux lots.

150. Paysages et Vues de divers pays. Quarante-six pièces par *H. Suanewelt* et *J. Silvestre.*

151. Trente-neuf pièces. Paysages d'après N. Berghem, Boucher, etc., par *Thélot, Théodore,* le baron *de Thiers, Texier,* etc.

152. Paysages et animaux, par et d'après *Lucas van Uden, Moyse Utembroeck, Joseph Varin, Adrien Van de Velde, de Velly, Voysard, Van der Neer, Wieilh, Zentener,* etc. Trente-trois pièces.

153. Paysages, Ruines, Études diverses, trente-quatre pièces par *Cl. Henri Watelet.* Divers autres sujets, par le chevalier *U***,* amateur, vingt-cinq pièces.

154. Paysages, Vues diverses, etc. Quarante pièces par *Edmond Weirotter* et *Weisbrod.*

155. Paysages : Intérieurs de forêts. Quatre-vingt-cinq pièces à l'eau-forte, par *Antoine Waterloo,* anciennes épreuves.

156. Macbeth, d'après Zuccharelli, par *W. Woollett.* Epreuve avant toute lettre, la marge couverte d'essais de burin.

157 La pêche, Niobé, Céyx et Alcione : les Dessinateurs et les Bergers, les Edifices romains en rui-

nes, etc. Huit pièces d'après Claude Le Lorrain, R. Wilson, Wright et Smith, par *W. Woollett* et *Vivarès*.

158. Paysages, Architecture, etc. Trente-sept pièces d'après divers artistes, sans noms de graveurs.

PORTRAITS DE PERSONNAGES DE TOUS ÉTATS PAR DES GRAVEURS ANCIENS ET MODERNES.

159. Vingt-cinq portraits, gravés par *P. Aquila, Mac-Ardell, J. Aubert, Audouin, J. et Benoît Audran, W. Baillie*, d'après *Bandinelli, Barcelon, Basan, Benoist, Besson, Blanchon, Blot, Bonnart, Bumphry, Campion de Tersan, Carmona, Carmontelle, Chenu*, etc. Cet article sera divisé.

160. Trente-trois portraits, gravés par *Chereau, Chodowiecki, Claëssens, Clouet, Coelmans, Coupé, Courbe, Cunego, Danzel, Daullé, Debucourt, Th. De Leu* et *Delff*, etc. Cet article sera divisé.

161. Quarante et un portraits, par *Desrochers, Devaux, Deveria, Dixon, les Drevet, Dupré, Dupin, N. Dupuis, Duval et Ant. Van-Dyck*. Cet article sera divisé.

162. Quarante-six portraits, par *Eberts, Edelinck, Faber, Fauchery, Et. Fessart, Feti, Ferdinand, Fiquet, Filhol, François, Frosne, Gaillard et Gallard*, etc. Cet article sera divisé.

163. Trente-et-un portraits, par *Et. Gantrel, Gaucher, Gérard, Grégori, Greuter, Grignon, Guélard,*

Guibert, Gunst, Hess, Heumann, Hondius, Hortemels, R. Houston, etc. Cet article sera divisé.

164. Portraits de peintres flamands et hollandais, 56 pièces gravées par *Houbraken*, réunies en 3 vol. in-8.

165. Neuf portraits d'hommes illustres, gravés par Grateloup, formant l'œuvre de cet amateur. On y a joint une lettre autographe. Cet œuvre est très rare, il n'a jamais été mis dans le commerce, n'ayant été qu'un objet de cadeau de la part de l'auteur.

166. Vingt-quatre portraits, par *Hoy, Humblot, Hubert, Ingouf, Iungwierth, Kenkel, Vander Laan, Landry, Larmessin, Lauw, Lefebvre, Legrand, Lemire, Lempereur et Lépicié,* etc.

168. Trente-huit portraits, par *Leroux, Lievens, Malbeste, Marais, de Marcenay, Marlet, Marlié, Massard, Mathey,* etc. Cet article sera divisé.

169. Quarante-huit portraits, par *Meerllen, Melini, Meyssens, Miger, Moitte, Molenaert, Morel, Nanteuil, Natalis, Perrier, Petit, Pitau, Pinssio, Piranesi, J.-N. de Poilly, les Preissler, Prévost, Quellinus,* etc. Cet article sera divisé.

170. Saint Pierre Nolasque, Bentivoglio, Richelieu, saint Charles Boromée, divers portraits et sujets, par *Cl. Mellan* et *Morin,* 37 pièces. Cet article sera divisé.

171. Les hommes illustres qui ont paru en France, par Perrault, 2 vol. in-fol., 103 pièces.

172. Trente-quatre portraits, par *Ravenet, Rival, Roger, Roy, Ragot, Saint-Aubin, Sarrabat, Savart,*

Schweikart, Van Schuppen, Scotin, Scultze, Elisabeth Silvestre, Simonneau, Smith, Sornique, Surrugue, Tassaert, Tardieu, etc. Cet article sera divisé.

173. Portrait de J.-B. Rousseau, Bignon, du roi de Prusse, Adrienne Lecouvreur, etc. 14 pièces, par *G.-F. Schmidt*, de Berlin.

174. Quarante-cinq portraits, par *les Tardieu, Tilliard, les Thomassin, Trouvain, Vallet, Levasseur, Vendramini, Vermeulen, Vogel, Voyez frères, Walch, Walker, Watelet, Waumans, Wedgwot et Windler*. Cet article sera divisé.

174 bis. Cent soixante portraits de personnages de tous états, sans nom de graveur. Cet article sera divisé.

ESTAMPES AU BURIN PAR DES GRAVEURS DE LA FIN DU XVIIIe
AU XIXe SIÈCLE.

175. Moïse défendant les filles de Jéthro, d'après N. Poussin, par *Anderlonni*.
176. Neuf pièces d'après Rubens, N. Berghem, Watteaux, par *Auvray, Aveline, Avril*. Neuf pièces.
177. Auguste III, roi de Pologne, la Tempête, le Calme et les Baigneuses, les portraits de Rollin et de Jullienne, la sainte Geneviève d'après C. Vanloo. Quatorze pièces par *Balechou*. Cet article sera divisé.
178. La famille du comte de Nassau d'après Van-

Dyck, par *Baron*, saint Jean et le Repos, par *Bervic*. Divers autres sujets par *Bartolozzi, Baquoy, Baraincourt, Beaugean, Beauvarlet, Beisson, Benoist, Boëtius, Bruandet,* etc. Trente-huit pièces. Cet article sera divisé.

179. Trente-quatre pièces gravées d'après des maîtres de toutes les écoles, des pierres gravées, etc., par *Catterval, Camerata, Cars, Chambars, Chenu, Chereau, Cheron, Chevillet, Cholet, Coqueret, Cousinet,* etc.

180. Collection de cent vingt estampes gravées par *Coélémans*, d'après les tableaux du cabinet de M. *Boyer d'Aiguille*. 1 vol. in-fol.

181. Cent quarante-quatre pièces par *R. Daudet, David, N. Delaunay, Delégorgue, Delignon, Desplaces, Dossier, Dupréel*. Cet article sera divisé.

182. La Vierge au donataire, d'après Raphaël par *M. Desnoyers.*

183. La Vierge au Poisson, d'après Raphaël, par *M. Desnoyers.*

184. La Vierge aux Rochers, d'après Léonard de Vinci, par *M. Desnoyers.*

185. Les Vertus théologales, la Foi, l'Espérance et la Charité, d'après Raphaël, par *M. Desnoyers.*

186. Eliézer et Rebecca, d'après N. Poussin, par *M. Desnoyers.* Epreuve lettre grise.

186 bis. La Visitation, d'après Raphaël, par *M. Desnoyers.*

187. Recueils de peintures antiques dessinées et gravées par *M. Desnoyers*. Trente-quatre pièces en 1 vol. in-fol.

188. Sujets de l'Ancien et du Nouveau Testament, divers portraits dont Samuel Bernard, Adrienne Lecouvreur, H. Rigaud, Vertamont, etc. Vingt pièces par *Pierre* et *Claude Drevet*. Plusieurs de ces pièces éditées seulement par ces graveurs.
189. Le Paralytique, le Gâteau des Rois, d'après Greuze; la Famille de Calas, d'après Carmontelle, autres pièces par *Duponchel, Filsen, Flipart, Folkema, de la Fosse, J. Frey, Gaucher, Glairon Mondet, Gouren* et *Gaillard*. Trente-six pièces. Cet article sera divisé.
190. Vases et Ornements d'Eglise, par *J. Giardini*.
191. Soixante et une pièces, d'après Le Brun, Greuze, Wille fils, etc., par *Ch. Guttenberg, Hall, Henriquez, Hubert, Hubnert, Jardinier, Jeaurat, Ingouf, Jourd'heuil, Klaubert*. Cet article sera divisé.
192. Trente-six pièces d'après Teniers, Berghem et autres maîtres flamands et hollandais, et marines d'après J. Vernet, par *Le Bas*.
193. Vues de la Grèce, d'après Le Roy. Soixante pièces par *Le Bas*, 1 vol. in-fol.
194. Vingt-cinq pièces par *Langlois, Larcher, Le Beau*, madame *Lefort, Lemire, Lempereur, Levasseur, Levillain, Liotard, Lips, Loisel, Lucas*, etc.
195. Quarante-cinq pièces par *Macret, Maillet, Major, Marais, Marchand, Mark, Martelly, Massard, Massard père et fils, Masquelier, Mathieu, Mechel, Michel, Moitte, Morel* et *Meilder*. Cet article sera divisé.

196. Trente-huit pièces, Suzanne, la Mort d'Abel, le Bain de Léda, par *Porporati*, vignettes pour les œuvres de Lesage et divers autres sujets, par *Née, Nicollet, Patas, Pellegrin, Picot, Pourvoyeur, Pradier, Preisler, Prévost*. Cet article sera divisé.
197. Soixante-neuf pièces, d'après Rembrandt, Teniers, Van der Meulen, divers sujets et portraits par *Ravenet, Riollet, Romanet, Ryland, Saint-Aubin, Saint-Maurice, Salerne, Schmits, Schmutzer, Simonet, Sluyter, Soubeyran, Storck et Surrugue*. Cet article sera divisé.
198. Neptune et Amphitrite, d'après J. Romain ; Cupidon, Cléopâtre et la Fortune, la Mort de Didon, etc. Cinq pièces par *Strange* et *M. Richomme*.
199. Quatorze pièces par *Alexandre Tardieu, Thomas, Tinti, P. Trière, S. Vallée, Vicentinus, Viel, Wandelaar*, etc.
200. La Cène, d'après Léonard de Vinci, par *Raphaël Morghen*. Ancienne épreuve.
201. L'Image de la vie humaine, d'après N. Poussin, par R. Morghen.
202. Sainte Famille, d'après le Titien. Epreuve avant la lettre.
203. Le Char de l'Aurore, d'après le Guide, par *R. Morghen*.
204. La dispute du saint Sacrement, les Sibylles, d'après Raphaël ; le repas de Jésus chez le Pharisien, d'après Paul Véronèse. Trois pièces par *Volpato*.

205. L'Instruction paternelle, le Concert de famille, les Musiciens ambulants et les Offres réciproques, la Liseuse et la Dévideuse, Agar reçue, le Repos de la Vierge, la Bonne femme de Normandie, portraits de Massé, du comte de Saint-Florentin, de Marigny, etc., et quelques eaux-fortes d'après Parocel. Vingt-huit pièces par *Jean-Georges Wille.* Cet article sera divisé.

VACATION DU VENDREDI 22 JANVIER, A MIDI.

DESSINS ANCIENS

Par et d'après des maîtres des écoles italienne, allemande, flamande, hollandaise et française.

206. Trente dessins au crayon, à la plume et au lavis, attribués à *Aldegrever, le Père André, Arago* et *Ardant le jeune.* De ce dernier dix-neuf études à la plume, signées et datées de 1622.
207. Trente-trois dessins par et d'après *Bacini, Backuysen, P. S. Bartoli, Bassan, N. Berghem, L. Bernin, Berny, Bibienna, J. Blanchard, C. Bloemaert, Bon, Boulogne, Sébastien Bourdon, Brackelman, H. Brandi, Breugel de Velours, Paul Brill, A. Brauwer.* Cet article sera divisé.
208. Scènes pastorales, têtes d'anges, études académiques, etc. Vingt-quatre dessins au crayon rouge, au pastel, à la mine de plomb, par et à l'imitation de *Boucher* et *Bouchardon.* Cet article sera divisé.

209. Trente-neuf dessins par et genre de *Calf*, *J. Callot*, *L. Cambiaso*, *Ch. Campariol*, *Les Carrache*, *Castiglione*, *Caze*, *Celloni*, *Cignani*, *Cironi*, *Cochin fils*, *P. de Cortone*, *Costrari*, *Courtois, dit le Bourguignon*, *J. Cousin*, *Coypel* et *Cuyp*. Cet article sera divisé.

210. Quatre-vingt-onze dessins par et à l'imitation de *Darret*, *Dehaye*, *Delaulne*, *Depas*, *F. Desportes*, *Martin Devos*, *A. Diepenbeck*, *Dietrich*, *Dominiquin*, *Dor*, *Albert Durer*, *Dyrimba*, *Duplessis-Bertaux*, *C. Dusart*, etc. Cet article sera divisé.

211. Cent vingt-six dessins, paysages, sujets, portraits, études de chevaux, batailles, etc., par et manière de *Eysen*, *Fragonard*, *Fournier*, *Gamelin*, *Gandelphie*, *Garewyn de Bruges*, *J. de Gheyn*, *Genoels*, *Gillot*, *Girardon*, *Girodin*, *H. Goltzius*, *J. Goujon*, *Greuze*, *Guaspre Poussin*, *Guerchin*, *Guido Reni*, etc. Cet article sera divisé.

212. Trente-cinq dessins par et d'après *Haccou*, *Laurent de la Hyre*, *Houbraken*, *Huet*, *Ingouf*, *Jeaurat*, *Luc. Jordano*, *J. Jordaens*, *Jouvenet*, *Adrien Van der Cabel*, etc. Cet article sera divisé.

213. Quatre-vingt-six dessins par et à l'imitation de *Pierre de Laar*, *La Belle*, *Lacour fils*, *Lafage*, *J. Lanfranc*, *N. de Largillière*, *Larue*, *Ph. Lauri*, *Ch. Le Brun*, *S. Leclerc*, *F. Lélu*, *Lely*, *F. Lemoine*, *Lenoir*, *Le Paon*, *Le Paultre*, *Leprince*, *Eustache Lesueur*, *Lievens*, *Lonsing*, *Claude le Lorrain*, *Louterbourg*, *F. Lucas* et *Luycken*. Christ au tombeau, beau dessin par *Lucas de Leyde*.

214. Soixante-quatorze sujets de l'histoire sacrée et

profane, dessins à la sanguine, à la plume lavés, à l'encre et au bistre, par et d'après *C. Maratte, Mariette, Mellan, Mellini, Mettay, A. Van der Meulen, Michel-Ange, Michel, F. Millé, F. Mola, Du Molle, Josse de Monper, Murillo,* etc. Cet article sera divisé.

215. Treize dessins par et attribués à *Nanteuil, Natoire, G. Nestcher, Van Ostade, Overlact* et *Ozanne.*

216. Soixante-seize dessins par et attribués à *Padouan, Panini, Parmesan, Parrocel, Passari, Patel, Pernet, P. Pérugin, F. Perin, B. Peters, B. Picart, Pierre, Pigal, J. Pillement, Van der Poël, Polydore de Carravage, Pordenon, J. Poultier, N. Poussin, Primatice, Procaccini, P. Puget,* etc. Cet article sera divisé.

217. Quatre-vingt-huit dessins par et attribués à *F. Quesnoy, Rabadse, M. Raimondi, Ramondan, Raoux, Raphaël, Rembrandt, Remus, Restout, H. Robert, Romanelli, S. Rosa, P. P. Rubens.*

218. Vingt et un dessins par et d'après *J. Salyl, Sané, Martin Schoen, C. Schut, Sneyders, P. Van Somer, Stoop, Strixner, Subleiras, Swebac,* etc. Cet article sera divisé.

219. La résurrection du Lazare, dessin sur vélin du XV° siècle. Ce beau et curieux dessin de l'école allemande porte le caractère des ouvrages de *Martin Schoen.*

220. Vingt-trois dessins par et d'après *Taillasson, Tardieu, D. Teniers, G. Terburg, P. Teste, Van Thulden, Le Tilliers, Le Titien, J. Tortelli, Tranch,*

3

F. de Troy, Lucas Van Uden, etc. Cet article sera divisé.

221. Cinquante-deux dessins par et attribués à *Perin del Vaga, Valentin, G. Vanden Velde, Ant. Van Dyck, Vannius, C. Vanloo, Weeninx, Th. Vercuyk, Verdier, Colin de Vermond, J. Vernet, Paul Veronèse, H. Verschuring, Vier, S. Vouet, Ar. de Vuez, Ant. Vatteau,* les *Wierx, Wynants,* etc. Cet article sera divisé.

222. Deux cent trente-sept dessins divers, par des artistes des écoles italiennes, allemandes, des Pays-Bas et de France; fac-similés de dessins anciens, etc. Cet article sera divisé.

223 bis. Suite de trente-neuf fac-similés de dessins d'anciens maîtres des écoles d'Italie; qui faisaient partie du cabinet de M. de *Lagoa,* et gravé à l'eau-forte par cet amateur. Suite rare.

TABLEAUX.

224. La Vierge et l'enfant Jésus, *école allemande.*
224 bis. Sainte Cécile, *école allemande.*
225. Pêches, cerises et autres fruits dans des corbeilles. Attribué à *Dehem.*
226. La reine Thomiris fait plonger la tête de Cyrus dans un bassin plein de sang, attribué à *Franc-Flore.*
227. La bonne mère et le grand papa, deux tableaux de genre, dans le goût des compositions de *Greuze,* auquel on les a attribués.

228. Tête de jeune garçon. *Ecole française.*
229. Paysages avec figures. Deux tableaux par *Huysmans de Malines.*
230. Esquisse de tête de vieillard. *Ecole de Rubens.*
230 *bis*. Esquisse de saint Pierre repentant. *Ecole de Rubens.*
231. Le portrait de Bresshonne. *Ecole de Van-Dyck.*
231 *bis*. Christ mort sur les genoux de la Vierge. Grisaille dans le goût de *Van-Dyck.*
231 *ter*. Annonciation. Tableau par *Vuez.*
232. Une tête de vieillard, esquisse sur papier, attribuée à *Michel-Ange.*
233. Portrait d'une dame de la cour de Louis XIV. Genre de *Mignard.*
234. Etude du tableau des aveugles de Jéricho, d'après *N. Poussin.*
235. Mère de douleur. Ecole du *Guide.*
236. Portrait de Napoléon, buste en applique, en marbre, forme ovale.
237. Martyre des sept frères Machabées, par *Jacquard.*

LIVRES A FIGURES, RECUEIL D'ESTAMPES.

238. Galerie du Palais-Royal, par *Couché.* 1 vol. in-fol. et cinq livraisons, en tout deux cent cinquante-huit planches.
239. Galerie de Versailles et des deux salons qui l'accompagnent. *Paris, de l'imprimerie royale,* 1750.

Plus dans le même volume neuf estampes de la chapelle de Sceaux et du séminaire de St-Sulpice. Grand in-fol.

240. Fêtes de Versailles, contenant les plaisirs de l'Ile enchantée. *Imprimerie royale*, 1673. In-fol. m. r. tr. dor. Quatorze planches, par *Silvestre*.

241. Description de la grotte de Versailles en vingt planches dont les bains d'Apollon, par *C.-J. Edelinck*. *Paris, imprimerie royale*, 1679. In-fol. m. rouge, tr. dorée.

242. Courses de têtes et de bagues faites en 1662. *Paris, imprimerie royale*, 1670. In-fol. contenant cent planches.

243. Temple des Muses, cinquante-huit estampes gravées par *C. Bloëmaert*, avec explications par l'abbé *Marolles*. *Paris*, 1665. In-fol.

244. Fastes de la nation Française, par *Ternisien d'Haudricourt*. 3 vol. gr. in-4, d.-rel. tr. dorée. Cent quatre-vingt-dix-sept planches.

245. Annales du Musée, par *Landon*. 6 vol. in-8, contenant quatre cents planches au trait d'après les tableaux du Musée royal.

246. Les arcs de triomphes décrits par *Bellori*, figures de *P.-S. Bartoli*. Cinquante-deux planches in-fol. d.-rel.

247. Vues des monuments de Rome, par *Barbault*. *Rome*, 1765. Cent vingt-huit planches in-fol. m. r. tr. dorée. Dans ce volume se trouvent ajoutées vingt-trois pièces par *Piranési*.

248. Sous ce numéro les articles omis.

www.ingramcontent.com/pod-product-compliance
Lightning Source LLC
Chambersburg PA
CBHW071203240526
45470CB00017B/1252